AF244578

LA
LIQUIDATION SOCIALE.

I

La génération qui arrive à la vie politique
est destinée à accomplir de grandes choses.
Froide, résolue, calculatrice, et pourtant
susceptible d'enthousiasme, elle a longue-
ment médité sur tous les problèmes sociaux
et religieux, et s'est fait des convictions arrê-
tées qui se traduiront par des actes dès que
les hommes de 1848 seront descendus dans la
tombe, laissant la place aux hommes nouveaux. Si la société, telle qu'elle est aujour-
d'hui, plaît à nos pères, elle ne nous convient
pas à nous, leurs enfants. Nous la trouvons
détestable, foncièrement détestable, et nous
sommes décidés à la renverser de fond en
comble pour la reconstituer sur de nouvelles

bases. C'est notre droit, c'est notre devoir, et rien ne nous empêchera d'accomplir la tâche pour laquelle nous nous sentons nés.

Que veut donc cette nouvelle génération qui, dans l'histoire, s'appellera les hommes de 1869?

Elle ne veut plus de riches, elle ne veut plus de pauvres.

La misère et l'opulence, voilà la cause unique de toutes les plaies hideuses qui rongent la société ! Directement ou indirectement, elles et elles seules produisent l'ignorance, la débauche, la prostitution, le vol, l'assassinat et toutes ces détériorations physiques et morales qui pullulent autour de nous.

Prenez un enfant quelconque, donnez-lui de l'instruction, puis assurez-lui, par le travail, une honnête aisance qui soit aussi éloignée de la richesse que de la misère, cet enfant-là sera sain de corps et d'esprit; il deviendra un bon citoyen, et sa vie s'écoulera longue et heureuse, échappant a tous les maux qui font le martyre de notre époque et la honte de votre ordre social. L'homme qui a été bien élevé et qui peut satisfaire ses premiers besoins sans trop de peine, cet homme là n'a aucune raison pour faire le mal et mentir à la nature humaine. dont le fond est essentiellement bon. C'est là, du moins, notre conviction immuable, et, utopie ou non, nous voulons en faire l'expérience.

Si cette expérience ne réussit pas, si l'homme instruit et mis à l'abri de la pauvreté est aussi pervers que par le passé, nous reconnaîtrons de bonne foi que nous nous sommes trompés, et que l'espèce humaine est décidément une race maudite, fatalement vouée à un éternel malheur. Mais tant que cette rénovation sociale n'aura pas été tentée, il est inutile de la déclarer impraticable, car nous sommes bien déterminés à ne rien écouter. Nous ne croyons qu'aux faits, qu'aux faits accomplis, et nous ne nous laisserons pas arrêter avec des phrases.

La richesse et la pauvreté, voilà donc les deux seules plaies de la société. Le Christianisme l'avait bien compris, et, pour sauver l'humanité, il a voulu que le riche donnât son superflu au pauvre, il a prêché la Charité. Mais depuis dix-huit siècles que dure cette prédication, la parole chrétienne a constamment échoué contre l'égoïsme endurci des riches. La Charité privée, aidée de l'Assistance publique, est complètement impuissante à faire disparaître la misère, et même à la soulager. Si vous en doutez, allez visiter les pauvres demeures de nos faubourgs et vous reviendrez convaincus.

Dix-huit siècles d'essais et de patience, c'est assez pour apprécier la valeur d'une institution, et, à nos yeux, la Charité est définitivement jugée et condamnée. Mais la Charité eût-elle la puissance de détruire la misère, que nous la repousserions encore, car elle est une insulte à la majesté du Peuple souverain. Par le droit du suffrage universel, tout citoyen, si humble qu'il soit, est un roi tout-puissant en qui vit et respire la grandeur de notre France. Vivant avec orgueil du fruit de son travail, il n'a à recevoir l'aumône de personne. Loin de là, c'est lui qui la fait au reste de l'univers, et qui va chez les autres peuples, prodiguer généreusement son sang et son or pour le salut de l'humanité.

II

Mais donnons de suite une explication importante.

Quand nous disons que nous ne voulons plus de riches ni de pauvres, nous ne rêvons pas pour l'humanité une égalité absolue et chimérique. Alors même que cette égalité parfaite serait un instant réalisée, le consentement universel l'aurait bientôt détruite sans qu'aucune force pût la rétablir. Le peuple français a pour le moins aussi soif d'inégalité que d'égalité, et, ce qu'il demande, ce n'est point un nivellement général des fortunes, mais c'est une distribution plus équitable des jouissances de la terre. Or l'égalité complète des citoyens entre eux supprimerait toute émulation, toute initiative individuelle, tout amour du travail et plongerait bientôt la société dans la pire des égalités, celle de la misère.

Non, quand nous voulons faire disparaître la richesse et la pauvreté, nous voulons simplement mettre un *minimum* et un *maximum* à la fortune de chacun, *minimum* et *maximum* qui seront assez écartés l'un de l'autre pour éveiller l'amour du gain et solliciter l'activité humaine, mais qui s'opposeront absolument à ce que jamais un citoyen quelconque puisse tomber dans la misère ou arriver à l'opulence.

Quels doivent être ce *minimum* et ce *maximum* des fortunes individuelles ? C'est là une question extrêmement complexe qui mérite d'être mûrement étudiée par tous les citoyens, et sur laquelle on ne saurait trop appeler les lumières de la discussion. Disons pourtant que, dans notre opinion personnelle, le revenu *minimum* de chaque travailleur devrait être fixé à 2,400 fr. par an, tandis que son revenu annuel *maximum* pourrait atteindre le chiffre de 12,000 francs. Du reste, ce *minimum* et ce *maximum* se verraient doublés et portés à 4,800 francs et 24,000 francs dans le cas si fréquent où un travailleur s'associerait à une travailleuse pour constituer un ménage. Dans la nouvelle société que nous voulons établir, nous prétendons bien ne laisser aucune inégalité entre le travail de l'homme et celui de la femme, et ce n'est pas nous qui pourrions tolérer ce rabais systématique et cette exploitation éhontée qui pèsent aujourd'hui sur le travail de la jeune fille, de la veuve et de la mère de famille.

2,400 francs par an pour le travailleur célibataire, 4,800 francs pour les travailleurs mariés, tel est le *minimum* qui nous paraît indispensable pour assurer l'existence du plus obscur citoyen. Certes, avec cette somme, chacun pourra se procurer facilement, non-seulement toutes les nécessités de la vie mais encore un grand nombre de jouissances délicates considérées comme superflues, et auxquelles le pauvre ne goûte jamais. C'est bien là notre intention, car nous ne voulons pas

que le travailleur réduit au *minimum* de salaire soit un *paria* végétant au milieu des
objets de luxe qui le tentent de toutes parts
et qu'il ne peut jamais posséder. Cette ten-
tation quotidienne, toujours inassouvie, aigrit
le caractère et éveille les mauvaises passions
que nous voulons supprimer. Une vie con-
fortable et de temps en temps quelques dépenses de grand luxe réussiront parfaitement
à satisfaire ces légitimes aspirations vers le
bien-être. Mais, pour cela, il est nécessaire
que le *minimum* du ménage travailleur attei-
gne le chiffre de 4,800 francs. C'est là, du
moins, notre conviction, et nous la croyons
partagée par l'immense majorité des citoyens.

III.

Le revenu maximum de 12,000 fr. par an
nous paraît de même n'avoir rien d'exagéré.
Selon nous, il est tout à fait indispensable

pour développer l'amour du travail et encourager sur une large échelle tous les perfectionnements de l'industrie, de la science et des arts.

En effet, supposons un apprenti qui se consacre à travailler la pierre. Suivant qu'il sera plus ou moins intelligent, plus ou moins laborieux, il restera simple manœuvre, deviendra maçon, tailleur de pierre, sculpteur, ornementiste, ou enfin, s'il a le feu sacré de l'art, il sera statuaire, il donnera la vie au marbre et créera peut-être une de ces œuvres impérissables qui réalisent l'idéal de l'humanité et se transmettent religieusement d'âge en âge jusqu'à la postérité la plus reculée.

Donner le même salaire à ces divers degrés d'une même profession, c'est commettre au nom de l'égalité l'iniquité la plus révoltante et porter une main sacrilège sur le pain même du travailleur.

En effet, on ne sculpte pas les statues avec la même rapidité que l'on gâche le mortier ou que l'on scie la pierre. Le moindre buste, la moindre statuette exige plusieurs mois d'études préparatoires et de travail assidu, et s'il s'agit d'un groupe, il faut au moins un an pour l'amener à sa perfection. Si donc un statuaire n'a pu faire dans toute son année que trois objets d'art, il lui faudra, pour gagner le salaire minimum de 2,400 fr., vendre chacune de ses œuvres 800 fr. pièce. Or, je vous le demande, avec le système de l'égalité absolue, qui pourra acheter des objets de ce prix et consacrer à une dépense nullement indispensable, le tiers de son revenu annuel? Notre statuaire ne pourra donc vendre à personne le fruit de son travail, et il se verra mourir de faim au milieu de ses chefs-d'œuvre, lui l'initiateur de l'humanité et le créateur de ce qu'il y a de plus beau sur la terre. Est-ce là ce que vous voulez ? Evidemment non ; et pourtant c'est là où conduirait fatalement l'égalité complète de tous les salaires.

Ce qu'on vient de dire du travail de la pierre s'applique de même à toutes les autres professions. Dans chacune d'elles, il existe une série progressive de travailleurs qui commence au manœuvre et se perfectionne de plus en plus pour aboutir finalement à l'inventeur, à l'organisateur, au savant et à l'artiste. Si le travail est progressif, le salaire doit l'être aussi, car il doit y avoir une égalité absolue entre le travail et son salaire, et si la société actuelle est destinée à périr prochainement, c'est qu'elle viole impudemment cette loi et que ceux qui y ont le plus d'argent sont neuf fois sur dix ceux qui travaillent le moins. Que les oisifs opulents attaquent la proportionnalité du salaire au travail, je le comprends sans peine, mais que ce soit vous, vous les travailleurs, c'est là le comble de l'aveuglement, car vous reniez le principe qui fait votre force et assure votre triomphe, le principe de toute société, de toute civilisation, le travail.

L'inégalité des revenus et une inégalité assez prononcée est donc tout à fait indispensable pour assurer le développement du bien-être et la fabrication des objets de luxe. Bien loin de vouloir proscrire le luxe et les ouvriers qui le produisent, les vrais socialistes veulent le développer encore davantage. Le luxe est la réalisation, la vulgarisation du beau et du bon ; il est une des nécessités de la civilisation ou, pour mieux dire, il en est le but suprême. et notre idéal c'est que chacun puisse, autant que possible, en savourer toutes les jouissances.

Quand nous nous élevons contre le luxe, c'est contre le luxe insolent qui est accaparé par quelques-uns et devient scandaleux par son excès même. Il est parfaitement inutile au bonheur de la France que certains personnages plus ou moins méritants possèdent 50, 100, 200 mille livres de rentes et même davantage, qu'ils logent dans de somptueux hôtels, qu'ils se fassent servir par un nombreux domestique, qu'ils aillent parader au bois dans de brillants équipages, que leurs femmes et leurs maîtresses étalent sur leurs vaniteuses personnes plus d'étoffes et de bijoux qu'il n'en faudrait pour parer cent jeunes filles, et qu'enfin, dans une nuit de jeu, ils puissent risquer sur une seule carte toute une année de loyers et de fermages, c'est-à-dire la sueur et la subsistance de milliers de travailleurs.

Ce luxe princier, qui sépare le soi-disant grand monde du monde des petites gens, c'est-à-dire de la nation tout entière, ce luxe-là nous est odieux, et nous sommes bien résolus à le supprimer sans merci. Mais dans cette guerre faite à l'opulence, il faut s'arrêter à une limite, là où finit la richesse et où commence l'aisance. Or cette limite nous paraît être un revenu annuel de 12,000 fr. Certes, celui qui a à dépenser 1,000 fr. par mois n'est pas à plaindre. Il peut facilement goûter à toutes les jouissances de la civilisation, mais sans prodigalité et sans ostentation. Si aisé qu'il soit, il est obligé de compter tout comme ceux qui sont moins fortunés, et il lui est absolument interdit de mener grand train et de trancher du grand seigneur. Il jouit de l'existence sans exciter l'envie. D'ailleurs sa position n'est pas tellement supérieure à celle des autres qu'aucun puisse désespérer d'y arriver jamais, ou ce qui est la même chose pour tous les cœurs aimants, d'y voir arriver ses enfants.

IV.

Ainsi donc, la nouvelle société que nous voulons établir sera fondée sur l'égalité des fortunes individuelles, cette égalité n'étant pas absolue mais se trouvant circonscrite entre 2,400 et 12,000 francs de revenu annuel.

Comment réaliser cette conception idéale et la faire passer à l'état de fait accompli? Cela nous semble très-facile à l'aide des trois mesures suivantes :

LES TARIFS MINIMUM.
L'ASSURANCE GÉNÉRALE.
L'IMPOT SUR LE REVENU.

Les tarifs minimum sont, comme leur nom l'indique, des tarifs qui assurent à tous les travailleurs, sans exception, un salaire minimum de 2,400 francs par an. Naturellement, suivant la nature du travail effectué, ces tarifs sont calculés à l'année, à la journée ou aux pièces. Dans beaucoup de métiers, notamment dans ceux de typographe, de menuisier, de maçon, d'employé du commerce, etc., il existe déjà de semblables tarifs très-bien conçus, sauf qu'ils sont beaucoup trop bas et ne rémunèrent pas assez les travailleurs.

Il s'agirait donc tout simplement de surélever ces tarifs et de les étendre à toutes les professions, sans exception, même à celles dites libérales. Quand il s'agit de salaire, il n'y a aucune différence entre le travail des bras et celui de l'intelligence, et je ne vois rien de déshonorant pour l'artiste ou l'écrivain à faire tarifer son travail et à s'assurer l'indépendance que procure un revenu de 2,400 francs.

Bien entendu, les tarifs minimum que nous proposons sont uniquement une mesure protectrice pour empêcher l'exploitation du salarié, et celui-ci reste toujours parfaitement libre de refuser son travail au prix du tarif et d'exiger une rémunération supérieure. Les socialistes entendent laisser aux citoyens la liberté la plus entière. Ceux-ci peuvent, à leur gré, s'associer entre eux ou s'embaucher chez un patron ; ils peuvent ne travailler que quelques heures par jour ou, au contraire, passer la nuit. La seule chose que les socialistes ne sauraient tolérer, c'est que le travailleur travaille à perte et se fasse exploiter en échangeant ses services contre un salaire inférieur au taux annuel de 2,400 francs reconnu indispensable pour vivre convenablement.

En France et aux Colonies, la loi interdit le travail esclave. Elle peut, en vertu du même droit de protection, interdire le travail prolétaire, et prévenir ainsi le développement de la misère. Sur ce point, nous le répétons, nos convictions sont inébranlables. Nous voulons, coûte que coûte, l'extinction du paupérisme, et ce n'est point un verbiage plus ou moins éloquent sur le respect dû à la liberté des transactions qui pourra nous arrêter dans l'exécution de nos volontés.

V.

Grâce aux tarifs minimum, on est certain qu'aucun citoyen ne pourra échanger son travail à perte et être la victime d'une exploitation. Reste à assurer à chacun ce travail rémunérateur et à guérir ainsi la grande plaie de l'ouvrier, le chômage.

Ce remède contre le chômage et en même temps contre toutes les incapacités de travail produites par les accidents, les maladies ou la vieillesse, ce remède, c'est l'*assurance*, non pas l'assurance mutuelle d'aujourd'hui, limitée à quelques citoyens et tout à fait insuffisante, mais l'assurance universelle de tous les travailleurs de France formant un faisceau solidaire où chacun répond pour tous et où tous répondent pour chacun.

Avec cette assurance générale, il n'y a plus de misère causée par le chômage, car ceux qui ont de l'ouvrage aujourd'hui travaillent pour ceux qui en manquent et ceux-ci travailleront à leur tour pour venir en aide à ceux qui les ont secourus.

Mutualité, assurance générale, solidarité universelle, ce sont là des mesures simples et efficaces, dont chacun reconnaît l'excellence et à qui il ne manque qu'une chose : être mises hardiment et largement en pratique. Les hommes de 1869 s'en souviendront lorsque le moment d'agir sera venu, et, puisque de l'aveu de tous l'assurance est une bonne chose, ils s'arrangeront de façon à assurer tous les citoyens français et à faire de la solidarité humaine une vivante réalité.

VI.

Enfin, la troisième mesure indispensable pour fonder la nouvelle société, c'est l'*impôt sur le revenu.*

Dans notre système, tant que le revenu annuel de chaque citoyen n'excède pas la somme de 12,000 fr., ce revenu paye un impôt *proportionnel* destiné à subvenir aux frais communs de la société, notamment à ceux de l'assurance générale.

Mais, dès que le revenu du travailleur dépasse 12,000 fr. par an, l'impôt qui le frappe est non-seulement *progressif*, mais *total*, c'est-à-dire qu'il enlève tout ce qui excède le maximum de 12,000 fr., limite infranchissable fixée au revenu personnel des citoyens. Que cela soit ou non conforme aux principes de l'économie politique, nous voulons qu'il en soit ainsi, car, ne nous lassons pas de le dire, nous ne voulons plus de riches, et le seul moyen de détruire à coup sûr la richesse, c'est de confisquer purement et simplement toute portion du revenu dépassant la limite tracée par la loi.

Du reste, à part cette restriction apportée à l'augmentation indéfinie de leur revenu, les citoyens ont la liberté la plus complète dans la gestion de leurs affaires. Ils peuvent, si cela leur plaît, posséder en terres, maisons, outillage, matières premières, etc., plusieurs millions de capital. Ils peuvent, sans contrôle aucun, faire dans leur industrie ou leur commerce toutes les dépenses qu'ils jugent utiles à une bonne exploitation. La seule chose que la loi leur interdise absolument, c'est de retirer de leur capital un revenu personnel supérieur à 12,000 fr.

Possédez tant que vous voulez, disons-nous aux travailleurs, car la concentration du capital en une seule main peut devenir la source de grands avantages industriels et commerciaux, et partant être très-utile à la société. Mais, quelle que soit l'importance de votre capital, vous n'aurez pas plus de 12,000 fr. de jouissances personnelles, car ces jouissances personnelles ne profitent qu'à vous seul. Bien loin d'être utiles à vos concitoyens, elles leur nuisent positivement, puisqu'elles diminuent d'autant la part de bien-être que chacun peut se procurer. La loi, gardienne vigilante des intérêts de la société, a donc le droit et le devoir de prohiber une opulence qui ne sert absolument qu'à engendrer la misère et la corruption et à semer la haine entre des citoyens faits pour s'aimer comme des frères.

VII.

La limite maximum imposée au revenu des citoyens pourra-t-elle nuire à la société et avoir un inconvénient quelconque ? Les personnes menacées par cette mesure ne manqueront pas de l'affirmer, mais il ne faut accorder aucune confiance à ces récriminations dont le mobile est par trop transparent.

L'inégalité des fortunes n'a d'utilité sociale que pour stimuler l'activité des travailleurs et les encourager à bien faire. Or, si on jette un coup d'œil sur la société française, 12,000 fr. de revenu y constituent une fortune très-enviable que bien peu acquèrent, et qui, par conséquent, suffit amplement pour éveiller la convoitise des citoyens et exciter leur émulation. Augmenter le chiffre de ce revenu ou, ce qui est pis, ne lui imposer aucune limite, ce n'est pas favoriser le travail, mais c'est encourager l'oisiveté et tous les vices, compagnons inséparables de l'opulence.

D'un autre côté, en s'associant entre eux, les citoyens peuvent former ces puissantes agglomérations de capitaux, source féconde de grandeur industrielle et de prospérité sociale. Donc, nul besoin de conserver toute cette féodalité financière qui a remplacé la noblesse d'autrefois, ces chevaliers de la filature, ces barons de la houille, ces marquis du haut-fourneau, ces ducs du chemin de fer, ces princes du billet de banque, gras parasites qui vivent sur le travail du peuple, et contribuent à accroître sa misère.

Oui, diront nos adversaires, l'impôt sur le revenu est excellent en principe, mais dans la pratique il est impossible de l'appliquer. Erreur, erreur matérielle! L'impôt sur le revenu fonctionne bien en Angleterre, pourquoi donc ne fonctionnerait-il pas en France? Est-ce que les Anglais seraient plus francs, plus désintéressés ou plus patriotiques que nous? J'ai vu l'Angleterre, et ce n'est point l'impression que j'en ai rapportée. Dépensez utilement l'argent du contribuable, soyez économes des deniers du peuple, et bien loin de chercher à frauder le gouvernement, les citoyens se feront un honneur de l'enrichir.

Mais à quoi bon tous ces raisonnements inutiles ? A-t-on jamais essayé, en France, l'impôt sur le revenu ? Non. Eh bien ! qu'on l'essaie, et s'il soulève des difficultés, on verra à y porter remède. Pour ma part, j'ai pleine confiance dans le génie fiscal de nos percepteurs. Ils savent arracher leur dernier sou à ceux qui ne possèdent rien, comment ne sauront-ils pas faire rendre gorge à ceux qui ont de la fortune. D'ailleurs, si tracassier, si arbitraire, si inique que soit l'impôt sur le revenu, il ne le sera jamais autant que tous vos impôts indirects sur les boissons, le sel, le tabac et les autres consommations. Voilà les impôts qui sont réellement odieux et funestes et qu'un bon gouvernement devrait immédiatement supprimer.

VIII.

Les *tarifs minimum*, *l'assurance générale*,

l'*impôt sur le revenu*, telles sont les trois institutions fondamentales qui doivent servir à liquider la société actuelle et à la reconstruire sur des principes nouveaux. Bien entendu, il convient d'y ajouter d'autres mesures non moins importantes et demandées par tout le monde, telles que l'Instruction publique et obligatoire, le Crédit à l'industrie, au commerce et à l'agriculture, la suppression des armées permanentes, et enfin, toutes les libertés civiles et politiques.

Tous ces moyens de rénovation sociale sont connus depuis longtemps et ont déjà été proposés par les socialistes de 1848. Mais, ce qu'il y a de réellement nouveau en nous, nous les hommes de 1869, c'est notre sang-froid, notre expérience et notre énergie.

Les socialistes de 1848 n'étaient que des enfants. Ils parlaient beaucoup d'association, de solidarité, de fraternité, mais ils n'ont pas osé mettre la main à la pâte et liquider la société décrépite qu'ils critiquaient si violemment.

Nous, les socialistes de 1869, nous ne

sommes pas des enfants, nous sommes des hommes, des hommes mûris par vingt années de méditation et de silence forcé. Nous méprisons les vains discours et nous n'estimons que les actes. Si aujourd'hui nous parlons de liquidation sociale, c'est que cette liquidation est bien calculée, bien coordonnée dans notre cerveau, et qu'il ne nous reste plus qu'à la mettre en pratique; c'est que l'heure est venue d'en finir avec ce vieux monde et de reconstituer la société sur les bases éternelles de la justice et de la vérité.

C'est que l'humanité touche à un instant suprême, instant unique dans l'histoire, où vont se réaliser toutes les espérances des siècles passés, espérances si souvent déçues et pourtant toujours renaissantes. Cette félicité parfaite que les fondateurs des religions ont promise à leurs fidèles, cette liberté, cette égalité, cette fraternité que les Conventionnels de 92 ont voulu établir par la force, c'est nous, nous les hommes de 1869, qui sommes destinés à les faire régner sur la terre. C'est en France, c'est à Paris que doit commencer cette rénovation sociale et de là elle se propagera aux nations voisines et finira par envahir tout l'univers.

. L'étranger croit que les Français sont en décadence, qu'ils sont abrutis par le manque de liberté, qu'ils ont renié le glorieux passé de la France chrétienne, de la France monarchique et de la France révolutionnaire, pour se mettre à la remorque de l'Angleterre et s'adonner, comme elle, au culte des intérêts mercantiles et des jouissances matérielles. L'étranger se trompe. Dans le cœur de ces citoyens apathiques qui n'usent même pas des libertés qu'on leur octroie ; dans le cœur de ces hommes légers qui courent éperdument après le plaisir ; dans le cœur de ces femmes futiles qui ne rêvent qu'à des chiffons; dans le cœur de ces prostituées qui se glorifient cyniquement de leur honte, un feu ardent couve sous la cendre : l'amour de l'humanité. C'est là notre religion à nous, qui ne croyons plus à la divinité du Christ et qui ne connaissons pas d'autre Providence que la fatalité des lois de la science.

Oui, nous croyons avec toutes les puissances de notre cœur que l'humanité est née pour être heureuse, pour être heureuse sur cette terre. Si c'est là de la folie, nous sommes fiers d'être des fous, et l'avenir, un avenir prochain, montrera, si ceux qu'on traite aujourd'hui de fous ridicules ne sont pas des prophètes clairvoyants.

Nous donnons ici le texte de deux projets de loi qui résument nos idées sur la distribution du Crédit et sur l'Instruction publique.

PROJET DE BANQUE DU PEUPLE

PRÉSENTÉ

A LA RÉUNION POPULAIRE DE LA SALLE MOLIÈRE

Art. I. — Le privilége accordé à la Banque de France est supprimé ; la Société formée par les actionnaires de cette Banque est liquidée ; une indemnité est accordée à ces actionnaires dans le cas où cette liquidation forcée leur causerait quelque dommage.

Art. II. — Le personnel de la Banque de

France est conservé et même notablement augmenté; il prend le titre deBanque du Peuple, il est nommé et payé par le Ministre des Finances et fonctionne au nom de l'Etat.

Art. III. — La Banque du Peuple émet des billets exactement semblables à ceux de la Banque de France, c'est-à-dire payables à vue, au porteur, en espèces au siége principal de la Banque et dans toutes ses succursales. Ces billets sont reçus au pair par toutes les caisses de l'Etat; en cas de crise leur cours forcé peut être décrété.

Art. IV. — La Banque du Peuple prête les billets qu'elle émet au commerce à l'industrie et à l'agriculture. Elle perçoit sur les sommes ainsi prêtées un intérêt mensuel. Cet intérêt est considéré comme un impôt analogue à celui des patentes. Il est fixé par une loi et peut être augmenté, diminué ou même réduit aux seuls frais généraux suivant les besoins financiers de l'Etat.

Art. V. — Tant que les intérêts en sont régulièrement payés le capital avancé par la Banque du Peuple n'est jamais exigible.

Art. VI. — La somme totale des billets émis par la Banque du Peuple est égale aux avances qu'elle a faites ajoutées à son encaisse métallique.

Art. VII. — La Banque du Peuple prête ses billets à tous les négociants, fabricants ou agriculteurs qui en font la demande, et qui possèdent en terre, bâtiments, outillage, matières premières ou œuvrées, etc., une valeur vénale égale à celle qu'ils désirent emprunter.

Art. VIII. — La Banque du Peuple opère gratuitement, à Paris et dans ses succursales, les payements et les recouvrements de tous les individus à qui elle a fait des avances et dont elle établit jour par jour les comptes courants.

ART. IX. — Lorsque le compte courant d'un emprunteur se solde en déficit, il est immédiatement liquidé. Alors, s'il y a lieu, la Banque du Peuple fait vendre publiquement les terres, bâtiments, outillage, matières premières ou œuvrées sur lesquelles elle a prêté et elle se rembourse intégralement de ses avances par privilége et avant tout autre créancier.

ART. X. — Dans le cas où le remboursement intégral serait impossible, l'emprunteur ayant vendu, détourné ou dissipé les valeurs servant de gage à la Banque, il y a poursuite judiciaire en banqueroute simple ou frauduleuse.

ART. XI. — Les opérations de la Banque du Peuple sont entourées de la plus grande publicité. Le bilan de la Banque est publié tous les 15 jours et le livre de ses comptes courants est communiqué sans formalité à toutes les personnes intéressées.

—

PROJET D'INSTRUCTION PUBLIQUE

PRÉSENTÉ

A LA RÉUNION POPULAIRE DE MÉNILMONTANT.

ARTICLE I. — L'instruction, en France, est obligatoire pour tous les enfants, même ceux des étrangers.

ARTICLE II. — L'instruction peut être publique ou particulière.

ARTICLE III. — L'instruction publique est donnée dans des écoles dites primaires, secondaires,

supérieures et spéciales. Ces écoles sont dis-
tinctes pour chaque sexe.

Article IV. — Les écoles primaires sont pla-
cées à proximité des enfants dans les villes et
dans les villages. Elles ne reçoivent que des
externes. Elles prennent l'enfant dès qu'il est en
âge d'être instruit, et lui apprennent la lecture,
l'écriture et les notions élémentaires de gram-
maire, d'histoire, de géographie, etc.

Article V. — Tous les ans, les élèves des
écoles primaires passent des examens. Ceux qui
répondent convenablement à ces examens sont
seuls autorisés à entrer dans les écoles secondaires. Quant aux enfants paresseux ou inattentifs qui ne peuvent satisfaire aux examens, ils
restent dans les écoles primaires jusqu'à ce qu'ils
aient l'âge de commencer leur apprentissage.

Article VI. — Les écoles secondaires sont
situées dans les villes. Elles reçoivent des externes et des internes. Les élèves y apprennent le
français, l'histoire, la géographie, les langues
vivantes, le dessin, la musique, et ils y reçoivent
les premières notions des sciences.

Article VII. — Tous les ans, les élèves des
écoles secondaires subissent des examens pour
être autorisés à entrer dans les écoles supérieures.
Les élèves paresseux ou inattentifs qui ne peuvent
passer ces examens restent dans les écoles secondaires jusqu'à ce qu'ils aient atteint l'âge de
choisir une profession.

Article VIII. — Les écoles supérieures sont
situées dans les grandes villes. Elles reçoivent
des internes et des externes. Les élèves y apprennent les langues mortes et s'y perfectionnent
dans l'étude des langues vivantes, du dessin,

de la musique, de l'histoire, de la géographie et des sciences.

Article IX. — Tous les ans, les élèves des écoles supérieures subissent des examens qui leur ouvrent l'entrée des écoles spéciales. Ceux qui ne peuvent réussir à passer ces examens restent dans les écoles supérieures jusqu'à ce qu'ils aient atteint l'âge d'embrasser une profession.

Art X. — Les écoles spéciales sont généralement situées à Paris et ne reçoivent le plus souvent que des externes. Elles donnent l'instruction nécessaire pour embrasser les professions dites libérales et délivrent des diplômes constatant que l'élève a profité des leçons qu'il a reçues.

Dispositions générales pour toutes les écoles.

Art. XI. — Aucune cérémonie religieuse n'est pratiquée dans l'intérieur des écoles publiques. Mais une fois hors de l'établissement de l'Etat, les élèves peuvent accomplir toutes les cérémonies religieuses que désirent leurs parents.

Art. XII. — L'instruction des enfants est payée par leurs parents lorsque ceux-ci en ont le moyen. Dans le cas contraire, il est accordé des bourses et des demi-bourses dans les écoles voisines du domicile des parents.

Art. XIII. — Aucune limite d'âge n'est imposée pour la sortie des écoles lorsque les parents payent la rétribution scolaire. Il n'en est plus de même pour les boursiers et demi-boursiers que l'Etat ne saurait entretenir indéfiniment.

Art. XIV. — Des limites d'âge sont imposées

pour l'entrée dans les écoles secondaires, supérieures et spéciales, qui sans cette mesure seraient fâcheusement encombrées par des sujets trop vieux et devenus inaptes à l'étude.

Instruction particulière.

ART. — XV. Les parents sont libres de conserver leurs enfants chez eux et de leur servir eux-mêmes de maîtres ou de leur faire donner des leçons par des maîtres particuliers autorisés par l'Etat et pourvus d'un diplôme régulier. Mais il est interdit de créer des établissements particuliers rivalisant avec les écoles de l'Etat.

ART. XVI. — Tous les ans les enfants élevés en particulier subissent les mêmes examens que ceux des écoles publiques et peuvent, s'ils en sont jugés capables et s'ils ont la limite d'âge, entrer dans les écoles secondaires, supérieures et spéciales.

ART. XVII. — Si ces examens sont trop insuffisants et supposent un manque complet d'éducation ou du moins une grande négligence, les parents seront cités devant un tribunal spécial, dit de la famille. Ce tribunal sera composé d'un nombre égal d'hommes et de femmes. Il jugera souverainement sur toutes les questions de tutelle des enfants ainsi que sur les séparations de biens et de corps.

Paris. — Typ. Gaittet, rue du Jardinet, 1.